Quaestio Iuris Controuersi An Condici Possit Tanquam Indebitum, Quod Alieno Solo Inaedificatum Est Ad Iulianum In L. Xxxiii. P. De Condict. Indebiti...

Anonymous

QVAESTIO
IVRIS CONTROVERSI·
AN
CONDICI POSSIT
TANQVAM INDEBITVM,
QVOD ALIENO SOLO
INAEDIFICATVM EST
.AD
IVLIANVM IN L. XXXIII. P. DE CONDICT. INDEBITI
QVAM
ILLVSTRIS ICTORVM ORDINIS GRATIA
PRAESIDE
D. CHRISTIANO HENR. BREVNING
PROFESS. PVBLIC. ORDINAR. IVR. NAT. ET GENT.
ET SOCIETAT. LITERAR. DVISBVRGENS.
SOCIO
IN AVDITORIO IVRIDICO
DIE XXII. IVLII ANNO CIƆIƆCCLXXV.
DEFENDET
CHRISTIANVS AVGVSTVS MOLDAVIVS
CAMITIO·LVSAT.

LIPSIAE
EX OFFICINA LANGENHEMIA.

AN

CONDICI · POSSIT
TANQVAM INDEBITVM
QVOD ALIENO SOLO
INAEDIFICATVM EST

A D

IVLIANVM IN L. XXXIII. P. DE CONDICT. INDEBIT.

---

§. I.

Mirum fane, nullam effe ei proditam actionem, qui ex errore ex fua materia in alieno folo aedificauerat, cum de tigno iuncto actio ei data, cuius materia fuo folo quis inaedificauerat. Cederem, fi ei negaretur, qui fciens malaque fide inaedificat ex fua materia; at quid ei obiiciatur, qui ex errore in alterius folo aedificium pofuerat? Nec tamen agere poterit, cum nulla agendi formula antiquo iure concepta fuerat. At quid? non ne videtur is, qui ex errore in alieno folo aedificauerat, ei fimilis, qui indebite foluerat. Nam primo error in eo eft, qui ae-

A 2

dificat

dificat, nec probabile eft eum alieno folo aedificium impofi-
turum, fi fciuerit, alienum effe folum. At in indebiti condictione error facti prima eft caufa. Dein cum PAPINIA-
NVS in *L. 66. π. de cond. indeb.* expreffe fcribat: *Haec condi-*
ctio ex bono et aequo introducta, quod alterius apud alterum fine
caufa deprehenditur, reuocare confueuit. Quis vero neget, materiam meam ad exftruendum aedificium adhibitam, eo ex-
ftructo iam fine caufa apud foli dominum fore, cum egomet
obligatus non eram, qui ei aedificium in fuo folo ex mea
materia exftruerem, quique indebite meam acquifiturus eft
materiam. Amplius POMPONIVS in *L. 14. π. de condict. in-*
debit. fundamentum exhibet condictionis indebiti, vbi fcri-
bit: *Nam hoc natura aequum eft, neminem cum alterius detri-*
mento fieri locupletiorem. At nemo negabit, foli dominum
per aedificium ex mea materia fuo folo impofitum fieri locupletiorem, cum contra ego detrimentum patior, qui materiam amitto. Videtur itaque condictionis fundamentum ex-
acte applicari poffe in noftra caufa.

§. II.

Forfitan et veteribus Iureconfultis haec dubitatio venit,
quare et IVLIANVS in *L. 33. π. de Condict. indeb.* quaeftio-
nem hanc decidit: verba ipfius funt: *Si in area tua aedifica[-]*
fem, et tu aedes poffideres: condictio locum non habebit: quia
nullum negotium inter nos contraheretur. Nam is, qui non de-
bitam pecuniam foluerit, hoc ipfo aliquid negotii gerit; cum au-
tem aedificium in area fua ab alio pofitum dominus occupat, nul-
lum negotium contrahit. Sed et fi is, qui in aliena area adifica[-]
fet, ipfe poffeffionem tradidiffet: condictionem non habebit:
quia nihil accipientis faceret, fed fuam rem dominus habere inci-
piat. Et ideo conftat, fi quis cum exiftimaret, fe heredem effe,
infulam hereditariam fulfiffet: nullo alio modo, quam per reten-
tionem impenfas feruare poffe.

§. III.

5

§. III.

Patet ex hoc ipfo *Iuliani* fragmento, *negari* inaedificanti ad repetendas impenfas materiae aedificii alieno folo impofiti *indebiti conditionem.* Sed quamuis ita Iulianus fentiat, videndum tamen eft, quam habeat decidendi rationem, quantumque ea cum legum analogia conueniat. Prima, quam habet, fpecies ea eft, cum alter in alieno folo ex fua materia aedificauèrat, dcminus vero foli exaedificatum poffideret, cum illud occupaffet, (hanc enim primam fpeciem effe, oftendunt fragmenti verba: *in area fua ab alio pofitum dominus occupat*) et pronunciat: *condictio locum non habebit.* Caufam vero quaerit in ipfa natura folutionis indebiti: *quia nullum negotium inter nos contraheretur.* Atvero, fi Imperatorem IVSTINIANVM in *§. 7. I. de oblig. quae quafi ex contract. nafc.* audiamus non videtur adaequata illa caufa. Nam expreffe adfirmat, *fi certiorem rationem fequamur, magis ex diftractu quam ex contractu poffit dici obligatus effe, nam qui foluendi animo pecuniam dat, in hoc dare videtur, vt diftrahat.* Quomodo ergo dicat *Iulianus* indebitum foluendo, *negotium contrahi,* cum Imperator *Iuftinianus* verius dicat *negotium diftrahi.* Sed his non obftantibus verior videtur fententia Iuliani. Cum enim Imperator adferat, diftrahi negotium, refpicit vtique ad foluentis et accipientis intentionem, quod negari haud poteft, quia vtrique in eo verfantur errore, exiftere videlicet inter eos obligationem. Contra Iulianus ad effectum folutionis indebiti magis refpicit et hoc factum folutionis indebiti per *negotium contrahere* vel *gerere* exponit, et his indicat, quod Iuftinianus exprimit, *quafi ex contractu debere videtur.* Si vero in indebiti conditione folutionis et acceptionis facta quafi confenfum ex Legum autoritate comprehendunt, ex quo dein deducitur obligatio, quae parit conditionem, recte negat *Iulianus* negotium contrahi. Is enim qui aedificat, non ideo aedificat, vt aedifi-

cium

cium velit effe alterius, fed fibimet ipfi aedificare fe credit. Deeft ergo confenfus feu caufa, ex qua obligatio condictionem producens deduci poteft. Is autem qui fundum occu. pat aedificatum, nihil facit, quo obligatio poffit oriri quafi indebitum accipiendo. Suum enim occupat, quippe quod folo inaedificatum, folo cedit. Cum itaque fuum habet, vnde condicatur indebitum?

§. IV.

Pergit Iureconfultus ad alteram fpeciem, videlicet, fi ipfe inaedificans poffeffionem foli domino dederit, et negat, et hic negotium contrahi, fcilicet tale interuenire dando accipiendoque negotium, ex quo dein obligatio ea, quae in indebiti condictione requiritur, deduci poffit. Negat ergo et hac fpecie condictionem addita ratione, *quia nihil acipientis faceret.* At vtique videtur poffeffionem facere accipientis, quippe antequam domino foli traderet, poffeffionem dominus non habebat. Sed falua res eft; non enim fola poffeffionis conceffio efficit, vt condictioni locus fit, fed debet indebitum effe. Iam vero recte Iulianus addit: *fed fuam rem dominus habere incipiat.* Cum itaque fuum, non vero indebitum adfit, iure enim acceffionis materia illa aliena fimulac folo accedit, ftatim fit domini foli, indebitum repeti nequit: inaedificando enim alieno folo proprietatem materiae amittit.

§. V.

Cum itaque condictione indebiti nihil peti poffet, cum omne, quod habuerat ius, in materia amiferat, aliaque non prodita effet actio ad petendam materiae inaedificatae aeftimationem, qualis contra eum legibus ipfis decemuiralibus introducta, qui alienam fuo iunxerat aedificio, videlicet de tigno iuncto, folam *retentionem* Iureconfultus medium legitimum iudicat, ad *impenfas* confequendas feu feruandas, quae

impenfae

impenfae non tantum aeftimationem materiae continent, fed ad quas etiam referuntur mercedes operariorum, tefte CAIO in *L. 7. §. 12. π. de Acquir. Rer. Dom.* quas et, qui mala fide inaedificauit, repetere poterit. Nullam vero actionem datam effe ciuili iure ad materiae aeftimationem confequendam, fiue poffideat inaedificans, fiue foli dominus, teftatur Iulianus *l. c. 33.* verbis: *et ideo conftat, fi quis, cum exiftimaret, fe heredem effe et infulam hereditariam fulfiffet, NVLLO ALIO MODO, quam per retentionem* impenfas feruare poffe.

§. VI.

Quapropter inuitis legibus ciuilibus Pragmatici ei, qui non poffidet, ad 'aeftimationem materiae et impenfas confequendas, vel actionem vtilem negotiorum geftorum contrariam, vel in factum concedunt, vt reftatur BERGERVS in *Oecom. Iur.L. II. Tit. II. Thef. XVI.* qui et leges allegat, quarum argumento vtramque actionem concedendam effe probaturus eft. Sed neque ex *L. 6. §. 3. π. de Neg. geft.* vfus actionis negotiorum geftorum vtilis in noftra fpecie probari poteft, 'quippe quod caput tantum agit de eo, qui vere negotia gerit, fed non ea intentione, vt negotii domini contemplatione gerat, potius, vt fibi lucrum quaerat; quod vero de eo dici nequit, qui animum habet, fibi ex fua materia aedificium exftruere, errans, quum alienum folum fuum habet. Hic enim ne quidem cúm negotiorum geftore comparari poteft, cum in negotiorum geftore intentio alterius negotia gerendi adeffe debet. Nec melior eft probatio ex *L. 23. §. 4. π. de Rei Vind.* petita; in hoc capite exceptio doli quidem poffidenti contra vindicantem conceditur, nulla vero ibi fundata in factum actio. Sed grauior eft error MENCKENII in *Theor. et Prax. Pand. L. XLI. Tit. I. §. 30.* qui *indebiti condictionem* adeo *incerti* domino materiae in alieno folo aedificanti tribuit, contra autoritatem *Iuliani* et ipfius Iuris

rationem

rationem. Neque quas adducit leges, hanc probabunt opinionem. *L. 15. §. 1. π. de cond. indeb.* enim de possessione condicenda agit, at si possessionem me debere errans crediderim. Non vero errat, qui possessionem aedificii alteri concedit quod in eius solo aedificauerat, scit enim alterius esse aedificium accessionis iure et possessionem ad eum pertinere. Neque grauiora sunt argumenta ex *L. 40. §. 1. et L. 66. π. de condict. indeb.* petenda. Grauior sane debet autoritas esse Iuliani condictionem indebiti negantis, quamuis haud negem ex aequitate solum hodie in factum esse concedendam actionem, ciuilibus legibus haud fundatam, ne alter alterius detrimento fiat locuples, vel extra ordinem aedificanti in alieno solo ad implorationem esse succurrendum.

CPSIA information can be obtained at www.ICGtesting.com
Printed in the USA
BVOW03s0955220115

384486BV00016B/161/P